LÉON ROBICHAUD

CURANDO AS FERIDAS DA ALMA

EDITORA
SANTUÁRIO

DIREÇÃO EDITORIAL:
Pe.Marcelo C. Araújo, C.Ss.R.

COORDENAÇÃO EDITORIAL:
Ana Lúcia de Castro Leite

TRADUÇÃO:
Pe. Flávio Cavalca de Castro, C.Ss.R.

COPIDESQUE:
Cristina Nunes

REVISÃO:
Luana Galvão

DIAGRAMAÇÃO E CAPA:
Bruno Olivoto

Título original: *Guérir as blessure*
© Éditions Anne Sigier, 1991
ISBN 2-89129-114-X

**Dados Internacionais de Catalogação na Publicação (CIP)
(Câmara Brasileira do Livro, SP, Brasil)**

Robichaud, Léon
  Curando as feridas da alma / Léon Robichaud; [tradução de Flávio Cavalca de Castro]. — Aparecida, SP: Editora Santuário, 1993.
(Coleção Vida, 7)

  ISBN 85-7200-163-8

  Sofrimento – Meditação 2. Vida espiritual I. Título. II. Série.

93-3106   CDD-248.34

Índices para catálogo sistemático:
1. Meditação: Prática religiosa:
Cristianismo 248.34

13ª impressão

Todos os direitos, em língua portuguesa,
reservados à **EDITORA SANTUÁRIO** – 2016

Composição, CTcP, impressão e acabamento:
EDITORA SANTUÁRIO - Rua Padre Claro Monteiro, 342
12570-000 - Aparecida-SP - Fone: (12) 3104-2000

APRESENTAÇÃO

O luto, no sentido amplo do termo e tal como é descrito por Léon Robichaud, já atingiu ou atingirá praticamente cada um de nós. De fato, são raros os que, num ou noutro momento da vida, não terão experimentado esse sentimento de confusão ou desespero depois da morte de um ente querido, de uma separação, de um divórcio, de uma perda de emprego ou da saúde.

Depois que nossos parentes, amigos, médicos e outros manifestaram sua simpatia, podemos ser invadidos por uma sensação de vazio total. Léon Robichaud, falando-nos de um ponto de vista espiritual e científico, vem trazer-nos uma resposta para esse vazio. E ele bem que está qualificado para tratar do assunto, pela sua experiência de padre e de capelão de um grande centro hospitalar.

Não apenas isso, porém. Os que o conheceram de perto e viram sua atuação tiveram de reconhecer nele o dom de sentir, de compreender, de partilhar, de ajudar nos momentos difíceis.

Eis por que, ao ler este livro, sentimos um braço amigo que nos ampara, para guiar-nos nas etapas difíceis do sofrimento, ajudando-nos a vencer a solidão.

E por isso lhe somos gratos.

C.N. Gabriel
Especialista em medicina interna

INTRODUÇÃO

QUE SE DEVE LER

Um livro pode mudar nossa vida.

Lendo, muitas vezes decidimos:
– guardar de cor certas passagens
– mudar alguma coisa em nossa vida
– ajudar outra pessoa.

Acontece, porém, que algumas semanas depois já esquecemos completamente nossas boas intenções.

Aqui estão algumas sugestões para que suas boas intenções se concretizem na prática.

* Providencie pequenos cartões ou fichas.

Escreva as frases ou as ideias principais que quiser guardar na memória.

Leve sempre consigo esses cartões.

Leia-os enquanto espera o ônibus, o terapeuta, o sono etc.

* Sublinhe no livro certas frases.
Releia essas frases.

Há um velho provérbio que diz:
– O que escutamos, esquecemos.
– O que vemos, lembramos.
– O que fazemos, compreendemos.

Por isso é importante reler noventa vezes o que queremos assimilar. E sempre que puder, ponha em prática o que quiser guardar na memória.

ANTES DE CAMINHAR

Preâmbulo

Passamos a maior parte da vida trabalhando e adquirindo as coisas que dão um sentido à nossa existência.

O trabalho, a saúde, os amigos, o cônjuge, os filhos, uma casa, tudo isso enriquece nossa passagem pela terra. De repente a doença, a separação, ou um acontecimento trágico rouba-nos alguém muito importante para nós.

Somos, então, invadidos por um sentimento de vazio, confusão, solidão ou depressão.

A perda de um ente querido faz-nos viver a experiência de um grande sofrimento. Com isso a vida parece-nos sem interesse, ou até mesmo insuportável.

Este livro que está em suas mãos pode mudar sua vida. Leia-o atentamente. Ele nasceu da experiência vivida. Durante minhas viagens, por ocasião de pregações e conferências, no atendimento a pessoas que passavam por dificuldades, dando assistência aos moribundos, já encontrei pessoas incapazes de curar suas feridas interiores. Entre essas pessoas feridas, muitas são separadas, divorciadas, viúvas ou órfãs. Sozinhas, são incapazes de amar ou de serem amadas. Outras sofrem por causa do desespero, da culpa, do medo, da depressão, do alcoolismo ou de grandes desordens sexuais. De uma maneira ou de outra, todos estamos feridos, alguns mais, outros menos. Essa é minha maior certeza. Por isso mesmo todos precisamos de alguma cura. Precisamos saber como sair de nosso sofrimento e encontrar o caminho da paz interior. Peço que Deus ajude você a encontrar esse caminho da cura do coração, da alma e do espírito.

SITUAR-SE

Dar um nome à ferida

Que é o luto? É, antes de mais nada, a reação natural e infalível diante de uma perda ou de uma mudança significativa na vida de alguém. Em outras palavras, é uma atitude de proteção que a pessoa assume diante de uma ou de mais situações como:
– morte de um ente querido
– desencanto no amor
– divórcio ou separação
– doença ou perda da honra
– mudança de cidade ou de país
– perda do trabalho ou da saúde
– filhos que abandonam o lar
– sonho ou ideal de perfeição irrealizado.

Emotivamente, porém, o pesar é antes de tudo um grande sofrimento interior, uma reação natural a uma perda importante ou a uma mudança significativa na vida de alguém.

Importância de compreender

Por que é importante compreender a estrutura do pesar?

É uma experiência que cada um faz em certos momentos da vida. Atinge a todos nós. Ninguém escapa. Compreendê-lo ajuda a enfrentar de maneira mais positiva e mais enriquecedora as emoções que o acompanham: o desgosto da vida, o medo, a angústia, a depressão, o desespero.

Viver feliz

É possível continuar ou voltar a ser feliz depois de uma perda importante, que partiu o que havia de mais importante em nossa vida?

Para que possa ajudar-se a si mesmo, você precisa tomar algumas decisões.

* Fale com uma pessoa discreta. É importante expressar em voz alta seus sentimentos. Guardá-los para si pode trazer outros problemas.

* Aceite a ajuda oferecida por amigos. Compreensão e apoio podem trazer consolo em momentos difíceis.

* Não hesite em recorrer aos profissionais da saúde psíquica, moral e espiritual, como um psicólogo ou um padre...

Para alguns, podem ser também de grande conforto uma comunidade de fé ou um grupo de apoio psicológico.

* Finalmente, se for o caso, não deixe de consultar um médico do corpo.

Crer na cura

Podemos acreditar na cura do coração?

Nunca devemos deixar de crer nisso. É absolutamente necessário. Mas, para chegar seguramente a isso, seja bondoso para com seu corpo. É o invólucro precioso de todo o resto. Escute, então, os seus S.O.S. Esteja atento aos pequenos problemas de saúde: dores de cabeça, perda de peso, mal-estar, tremores, perda de energia e de sono. Esses pequenos males não são nenhum drama, mas são sinais reveladores de *stress*. Trate de repousar bastante.

Conserve-se em forma com uma boa alimentação e com exercícios físicos não violentos.

Evite os tranquilizantes, o álcool e qualquer dependência aparentemente inofensiva.

Vigie sua aparência física. Algumas sessões de massagem podem ser um bom tratamento. Se esses meios mostrarem-se inúteis, procure seu médico e, se necessário, um bom terapeuta.

Não esqueça... um espírito são e santo num corpo são.

Ouso pensar que a leitura atenta deste livro poderá oferecer-lhe a chave para uma nova vida.

2
QUEM SOFRE?

A lista dos feridos é longa, pois todos os seres humanos navegam no mesmo barco do sofrimento universal.

* Entre os primeiros estão os nomes dos que sofrem em seus corpos uma grave enfermidade: câncer, diabetes, artrite, fobias, depressões, aids etc.

* As dores físicas, muitas vezes, fazem sofrer também moralmente, e vice-versa. É o caso das crianças espancadas ou vítimas de abusos, dos pais ridicularizados, dos cônjuges espancados ou abandonados, dos velhos solitários porque abandonados por seus filhos, dos alcoólatras, dos homossexuais, dos surdos, dos cegos e de todos os deficientes.

* A esses devemos acrescentar ainda os materialmente pobres: as vítimas da fome, do frio, os desempregados e tantos, tantos outros. Mesmo

os ricos e os aparentemente felizes trazem certas feridas no fundo do coração. Alguns multiplicam as reuniões sociais, os banquetes, apelam para o álcool e para os bens materiais juntados ainda que ao custo de trabalho excessivo. Tudo isso, muitas vezes, é apenas disfarce vistoso ou compensação para encobrir as chagas.

Todos nós, pois, sem exceção, de uma maneira ou de outra, todos temos nossas cruzes para carregar. Para alguns, é mais pesada, mas cada um deve aprender a levar a sua.

3

TOMAR O PULSO

Tenho um coração terno, ou um coração de pedra? Poucos são feridos apenas uma vez na vida. Alguns, porém, são feridos mais frequentemente que outros. Por causa de sofrimentos acumulados, alguns corações sofrem duplamente. É o caso de quem não tem uma carapaça para se proteger. Os corações duros, fechados como ostras, muitas vezes confundem ternura com fraqueza.

Os corações abertos e confiantes geralmente são mais vulneráveis. Infelizmente, o mundo está cheio de homens e mulheres incapazes de acolher um coração terno.

Esses corações fechados e duros não confiam em ninguém, são avaros no dar, exigem provas do amor, calculam sempre o quanto dão e o quanto recebem, manipulam, exploram e, raramente, são feridos. Só os corações de carne são feridos. Os corações de pedra, jamais. Estes vão pela vida arrebentando os corações ternos e frágeis.

Sendo insensíveis, não conhecem nem a alegria, nem a pena, nem a ternura, e negam o amor. Deles diria o sábio da Bíblia: "Eles têm olhos, mas não veem. Têm ouvidos, mas não ouvem".

4

ESCOLHER OS AMIGOS

Sua ajuda

Os amigos, que não compreendem a profundidade do sofrimento pelo qual você está passando, irão oferecer soluções fáceis que nada resolvem. Irão mostrar-se, muitas vezes, impacientes e irritados. Geralmente muito atenciosos no início, alguns dias depois irão achar que você já está exagerando.

Logo logo estarão lembrando que o mundo está cheio de gente com problemas muito maiores que os seus.

Alguns chegarão a dizer: – "Se você tivesse um pouco mais de fé, tudo se arranjaria!". À primeira vista parece que têm razão, mas de fato são pessoas muito inclinadas a dar conselhos exatamente porque jamais provaram o sofrimento do coração.

São como os amigos de Jó (13,4). Parecem conhecer todas as respostas, mas nada podem fazer para livrar alguém de suas aflições. Esses amigos têm boa vontade, mas se eles experimentassem, uma hora que fosse, a agonia que você está sofrendo, então seria outra sua maneira de falar. Quando os amigos fazem você rir e distrair-se, há um alívio físico e transitório. Mas à noite o sofrimento é sempre maior. Quando o sol se põe, cresce a solidão. E a solidão, então, dos fins de semana? Você se afoga em penas...

Ninguém, senão Deus

Quando você está profundamente ferido, ninguém neste mundo pode fechar a porta de seus medos e angústias. Mesmo seu melhor amigo não pode realmente compreender a profundidade de seu sofrimento íntimo. Somente Deus pode fazer você sair da depressão ou do sentimento de culpa. Somente uma força divina pode ajudá-lo a sair do sofrimento. É Deus que, como pai cheio de carinho, pode intervir afugentando as nuvens que escurecem sua vida.

5

DEIXAR O TEMPO PASSAR

Todos conhecemos a frase batida: "Com o tempo passa". À primeira vista parece um consolo. Na realidade, porém, o tempo não cura nada. Ajude-se, e o céu o ajudará. Só Deus é que pode curar. O tempo pode anestesiar um tanto a dor das feridas. Mas os dias passam, e a agonia continua. O tempo pode jogar o sofrimento lá para o fundo do seu espírito, de maneira que você pode até pensar que está curado.

E, no entanto, basta um acontecimento qualquer para, de repente, fazer a dor antiga voltar à superfície. Ainda que o tempo nada possa curar, Deus pode curar com o tempo. O cristão acredita que Deus pode curar o coração ferido, pode dar vida novamente a um casamento, pode livrar o sofredor de suas penas.

6

CULPAR-SE

Custa sarar um coração machucado. E grande parte da pena do coração ferido nasce do pensamento que o ofensor, o que o machucou, acabará não enfrentando grandes problemas.

"Eu fui ofendido, e eu é que devo pagar", dirá o coração magoado. É mais ou menos o mesmo que acontece com os que devem carregar alguma cruz. Como se a pessoa errada estivesse sendo crucificada. Mas, os que magoam corações acabam sempre pagando um alto preço por suas ações. Sempre se colhe o que foi semeado. Em outras palavras: acabamos ganhando o que demos. É a lei da reciprocidade.

Será que existe uma cura para o coração ferido, um bálsamo?

Será que os cacos poderão ser novamente juntados? Será que alguém, atingido por tão grande sofrimento, poderá ressuscitar das cinzas da sua depressão e reencontrar um sentido para a vida? Sim! Senão, o próprio Deus estaria mentindo. Aqui estão alguns pensamentos que poderão ajudar a ter clareza no meio dos sofrimentos.

Deixe para lá o "por que eu?"

Não é só com você que as coisas acontecem. Sua situação não é única. O que lhe está acontecendo é a sorte de toda a humanidade. Faz parte da própria condição humana. Que você esteja certo ou errado, isso não muda a situação. Exatamente agora você é o que é. Uma pessoa ferida. O importante é que você queira voltar-se com fé para Deus, implorando que lhe devolva a paz interior.

Veja o que diz a Bíblia:

"Caríssimos, não estranhem o incêndio que lavra no meio de vocês para os provar, como se fosse algo incomum. Mas alegrem-se, na medida em que participam dos sofrimentos de Cristo, a fim de que, na revelação de sua glória, vocês possam ter uma alegria transbordante" (1 Pd 4,12-13).

Deus jamais lhe prometeu uma vida sem sofrimentos humanos. O que Ele prometeu foi um modo de você livrar-se do sofrimento ou suportá-lo com proveito. Até onde você pode saber, você provavelmente procurou fazer o que era possível.

"No momento, era o melhor que você podia fazer."

Por isso não precisa culpar-se. No momento, o importante é encontrar uma saída. A realidade está aí. Não adianta ficar procurando a causa do sofrimento. Você está sofrendo. Então deixe de se culpar. Pare de se condenar ou de condenar os outros. O importante é que você se volte para a Onipotência Divina que lhe diz: "Façam seus pedidos a Deus e Ele os atenderá; buscando, vocês acharão; batam à porta de Deus, que Ele abre" (Mt 7,7); "Tenham confiança, sou eu. Não tenham medo!" (Mt 14,27); "E eu estarei sempre com vocês, até o fim do mundo" (Mt 28,20).

Não ponha a culpa em Deus

Você é capaz de suportar o que lhe acontece. É o próprio Deus, nosso Pai, quem o diz: "Nenhuma tentação lhes sobreveio, que passasse da medida humana. Deus é fiel. Não vai permitir que vocês sejam tentados acima de suas forças. Com a tentação, Ele nos dará o meio de sair dela e a força de a suportar" (1Cor 10,13).

A maior das blasfêmias é imaginar que Deus seja a causa do sofrimento.

Acreditar que Deus nos põe à prova para nos fazer melhorar é uma afronta à misericórdia de um Pai que nos ama. Deus não é mais responsável que você pelos seus sofrimentos. Tudo é apenas consequência da fraqueza humana. Ele prometeu a quem nele confia que haveria de enxugar suas lágrimas devolvendo-lhe as forças: "porque sua cólera dura apenas um momento, mas seu favor, a vida inteira. Ao entardecer manifesta-se o pranto, mas de manhã o júbilo" (Sl 30,6).

Quando se abandonar ao choro, é sinal que o sofrimento está para ser absorvido. Vamos! Chore! As lágrimas nos libertam. Implore ao Senhor, até que as lágrimas sequem. Mas atenção: as lágrimas devem ser apenas por causa do coração magoado, e não de compaixão por si mesmo. A vida continua. Com a ajuda de Deus, você vai admirar-se do quanto é capaz de suportar. A felicidade não é viver sem sofrimentos e sem mágoas. Felicidade é aprender a viver um dia de cada vez, apesar das dificuldades da vida. Felicidade é ser capaz de se alegrar sem se importar com o passado. Talvez você se sinta rejeitado. Ou abandonado. Sua fé pode estar vacilando. Mesmo que você se sinta machucado e vazio, Deus está sempre presente.

Deus existe sempre.

Sem Ele você não pode dar fim ao seu mal. Mas se você lhe abrir seu coração, Deus há de livrá-lo dos cuidados e até do medo de morrer. Ele há de nos revelar seu amor sem fim. Revigore sua fé. Deus está com você. Nada, ninguém terá poder sobre você se Deus estiver em seu coração. O que determina a vida é a sua fé. Você é aquilo que você acredita: "Toda arma forjada contra você falhará, e toda língua que o acusar em juízo, você a refutará. Esta é a parte dos servos do Senhor, sua justiça que provém de mim – oráculo do Senhor" (Is 54,17).

RECONHECER O SOFRIMENTO

São muitíssimos os rostos do sofrimento.

* **Sofrimento normal**
O sofrimento normal provoca sentimentos de cólera, de medo, de pânico, de depressão etc. A vida é profundamente perturbada. Acaba o interesse pelo trabalho. Com um pouco de ajuda, com um bom apoio, a pessoa reconquista o gosto de viver.

* **Sofrimento prolongado**
O sofrimento prolongado é, de algum modo, um sofrimento normal. O sentimento de culpa torna-se excessivo, neurótico até. É um estado que se tornou patológico, uma impossibilidade de fugir ao sentimento de perda. É uma doença. Pode durar muito tempo. Torna-se necessário consultar um médico e um bom terapeuta.

* **Sofrimento recalcado**
É o sofrimento de uma pessoa incapaz de manifestar suas emoções. É um caso de recalque. Essa inibição pode trazer graves desordens para o organismo. Nesse caso, a primeira regra é falar de seu sofrimento. É preciso encontrar alguém capaz de ouvir atentamente.

* **Sofrimento reduzido**
Sofrimento reduzido existe quando alguém recusa viver sua dor. É o caso de um homem que, para fugir à perda da esposa, se lança num casamento precipitado. É uma espécie de fuga. Um dia ou outro, porém, será preciso encarar o sofrimento.

* **Sofrimento antecipado**
Alguns antecipam o sofrimento, vivendo em parte a perda prevista antes ainda que ocorra. É o caso do médico que cuida de sua mãe, há longos meses, quando já está em fase terminal. A dor de uma separação já prevista, e já sofrida por antecipação, é às vezes encarada como libertação. Quanto mais a perda é esperada, tanto mais suportável é o sofrimento no momento da separação.

* **Sofrimento protelado**
Por diversas razões algumas pessoas não querem deixar-se dominar pela dor da perda. Colocam-

-na entre parênteses. Um dia, porém, qualquer acontecimento sem maior importância servirá de detonador e o sofrimento oculto voltará à tona. Poderá ser doentio protelar impunemente sua dor.

Há tantas maneiras de curtir a dor quantas são as personalidades. A capacidade que a pessoa tem de se reequilibrar, sua maturidade, sua saúde, sua fé, seu temperamento, sua cultura, todos esses elementos determinam a profundidade e a duração da dor.

8
REAGIR ÀS PERDAS

A vida é uma sucessão de perdas. Quanto mais longa a vida, mais numerosas as perdas. Cada perda ocasiona uma reação emocional. Diante da morte a reação é diferente da reação diante de uma perda.

A reação diante da perda permite pôr em andamento o processo do pesar. A reação à perda é o estado de depressão. Reagir à perda é procurar um reajustamento, uma readaptação à nova situação. A incapacidade de o fazer pode levar à desintegração da pessoa.

Eis algumas reações à perda:
- A perda é vivida como uma fuga e leva ao isolamento. Fuga diante da vida real que não se quer enfrentar.
- A inação assume o controle. A pessoa, sem coragem, já não tem iniciativa.
- A pessoa torna-se deprimida. O tempo parece parar. A falta de coragem domina os sentimentos.

– Num dado momento a depressão é superada. Dá-se uma volta à vida. A pessoa reajusta-se e volta a esperança. Para quem tem fé, a esperança torna-se uma disponibilidade para o futuro. A humildade, irmã mais nova da esperança, toma conta da situação e faz jorrar a luz. Nesse sentido, a humildade é uma atitude positiva diante das perdas. Então, a experiência da perda torna-se também uma experiência de crescimento. Do túmulo brota a vida.

9
ESCUTAR SUAS EMOÇÕES

Tenha coragem de entregar-se totalmente às suas emoções, e elas hão de se integrar. A emoção é de fato o resultado da resistência a alguma coisa. A emoção dura enquanto dura a resistência. A cólera é a resistência a fazer alguma coisa que você acha que deve fazer. Quando resistimos a uma lembrança agradável, fazemos nascer a tristeza. A tristeza é a resistência a uma mudança. O medo é a resistência a um futuro possivelmente sombrio. Se você resiste a procurar o dentista, você terá medo. Se você o for procurar, o medo desaparece. A frustração é a resistência à humildade. Diante do erro cometido, ou você será humilde, ou será frustrado.

A humildade é uma atitude positiva diante de nossas fraquezas e de nossos medos. A frustração, essa é a resistência a aceitar nossos limites. Escute suas emoções. Você é suas emoções. Elas contam tudo sobre você.

10
DEIXE A SOLIDÃO

Depois que ele, ou ela, partiu, você se sente só. Faz a atroz experiência da solidão no pesar.

Talvez você se sinta mal, mas não se isole. O isolamento seria fugir da relação.

Reaproxime-se da família. Procure um grupo de apoio. Entre em contato com sua Igreja, com o centro hospitalar, com os A.A., ou com algum outro grupo social. Pouco importa o nome, mas não fique só, procure pessoas que lhe possam dar atenção ou grupos que possam acolher você.

11

DEIXE PASSAR

A árvore deixa que as folhas caiam. A água corre nos rios. As nuvens voam no céu. A vida é como a água no rio, vai passando. Não queira segurar. Deixe passar. Abra as mãos. Fechar as mãos seria sufocar. Segurar, é fazer-se mal. Amar é deixar passar. Deixar ir é dar a vida, como a mulher que dá à luz. Deixar passar é viver em paz, é perdoar, é esquecer, é livrar-se dos medos e dos ressentimentos.

Deixar passar é aprender a viver e a morrer. Deixar passar nossa juventude, nossos filhos, nossos pais, nosso cônjuge, nosso passado. Segurar apenas o essencial: a vida, e depois deixar passar a própria vida. Aí está a sabedoria.

12
NÃO SOFRER INUTILMENTE

A dor, depois de uma perda, pode durar dias, semanas, meses, ou até anos.

É muito sadio viver sua própria dor, assumindo-a durante os primeiros meses após a perda ou a ruptura. Mas não é preciso sofrer inutilmente. Não há outra maneira de viver a dor, senão vivê-la até o fim. Tentar fugir da dor, serve apenas para prolongá-la. Tentar esquecer a dor apelando para o álcool ou os tranquilizantes, ainda que estes às vezes sejam necessários, serve apenas para protelar o sofrimento. É bom viver sua dor. Mas não é saudável sofrer inutilmente, prolongando indevidamente o sofrimento pelo sentimento de culpa. Não sofra inutilmente.

13
SUPERAR A PROVA

Quando desaba sobre você o drama do sofrimento, você não sabe como encontrar uma saída. Como reencontrar o gosto pela vida apesar de um profundo pesar?

Aqui estão algumas orientações para superar a prova:
* Perdoe a si mesmo e aos outros.
* Esqueça a maldade alheia.
* Quando os outros agiram, quando você agiu, era o melhor que vocês podiam fazer.
* Estenda a mão. Reaproxime-se dos outros.
* Ame as pessoas das quais se aproximar. Saia, vá ao cinema.
* Aprecie suas próprias qualidades. Pense no que você tem. Seja generoso consigo mesmo.
* Pratique a gratidão. Volte-se para a luz. Saiba agradecer.

* Acima de tudo, aprenda a ser bondoso consigo mesmo. Jesus disse: "Ame o próximo como a si mesmo" (Mc 12,31). Em primeiro lugar, note bem o "como a si mesmo".

FERIDAS MAIS FREQUENTES

DIVÓRCIO, SEPARAÇÃO

Às vezes, é mais fácil enfrentar e irrevocabilidade da morte que afrontar os sentimentos de ambivalência provocados pela separação. Tendo o outro ido embora, de repente você é apenas a metade do casal que vocês formavam. Essa situação afeta você duramente, faz-se um grande vazio ao seu redor. Com a separação, você perde a camaradagem, a afeição e consequentemente o contato sexual. Essa ruptura do vínculo conjugal geralmente faz também nascer o ressentimento. Algumas pesquisas indicam que 63% dos divorciados continuam dominados pela raiva, e 58% ainda estão em demandas nos tribunais cinco anos depois do divórcio.

Custe o que custar é preciso que você se acostume a um novo modo de vida, que jamais será como antes. Vai nascer um mundo novo. Pode ser até que sua vida se torne mais agradável no futuro.

Cabe a você estabelecer e reorganizar esse novo modo de vida, do seu jeito e conforme seus desejos.

Quando da separação, a primeira etapa consiste em você reconhecer e admitir que perdeu alguém que você amava. Admita que, de momento, está partido o coração de sua vida. Essa mudança maior, mesmo que tenha partido de você, vai trazer-lhe efeitos negativos. Sua reação vai ser como diante da morte: choque, cólera ou depressão.

Conselhos para os recém-divorciados

1. Não procure negar seus sentimentos. Você deverá passar pelas etapas normais do pesar. Lembre-se de que a ferida da perda sempre acaba cicatrizando.

2. Mantenha-se ocupado. Continue com suas ocupações ordinárias, siga vivendo normalmente.

3. Procure encontrar-se com outras pessoas divorciadas. Poderão compreender o que você está vivendo e dar-lhe um grande apoio.

4. Não caia na tentação de achar logo um substituto para o cônjuge que perdeu. Viva sua dor até o fundo antes de refazer sua vida.

5. Procure ajuda. Um padre ou pastor, um profissional preparado para ouvir, um grupo de apoio, seu médico.

6. Planeje atividades para as folgas e os fins de semana. É possível que os encontros de família já não sejam como antes. Nesse caso outros relacionamentos poderão ajudar muito a minorar o sofrimento.

7. Ajude outras pessoas. Ajudando, vai melhorar sua autoestima, e você vai reaprender a amar.

8. Continue em contato com os filhos e com os parentes, se as relações são satisfatórias. Também eles estão sofrendo com sua separação.

9. Ore pelo seu ex-cônjuge, e peça a Deus uma ajuda maior quando precisar encontrar-se com ele.

10. Os sentimentos de cólera e de revolta são devastadores. Nessas circunstâncias, somente Deus pode levar você pelo caminho da libertação e da paz interior.

Ajudar os filhos

1. Diga aos filhos que você sente muito, mesmo se não consegue descrever a grandeza de seu sofrimento.
2. Explique-lhes os motivos da separação. Diga sempre a verdade. Assim evitará que eles acabem sentindo-se culpados. Os filhos podem imaginar que são eles a causa do divórcio.
3. Não tente fazer que os filhos se afastem do pai ou da mãe. Não use os filhos para chantagem. Os pais magoam o coração dos filhos quando um fala mal do outro.
4. Não use ameaças para fazer que seus filhos falem. Esteja disponível e seja acolhedor. Principalmente saiba ouvi-los. Para a cura, o mais eficaz continua sendo o amor-caridade.
5. Esteja atento às necessidades afetivas dos filhos. Seus gestos de carinho poderão fazer que eles entendam e percebam quanto você os ama.
6. Anime-os a falar de seus sentimentos com alguma pessoa preparada. Não tente impor-lhes os sentimentos que você imagina que eles deveriam ter. Eles estão de fato confusos e sofrendo.

7. Mantenha os laços de comunicação entre seus filhos. Eles estão sofrendo tanto quanto você.
8. Lembre-se de que com o divórcio os filhos sofrem tanto como quando morre um ente querido.
9. Saiba que uma família recebe mais apoio depois de um falecimento do que depois de uma separação.
10. Ajude seus filhos a continuar orando, porque o divórcio não significa que Deus ama menos vocês, ou que Ele não está com vocês.

Ajudar os que ajudam

1. Seja caloroso na acolhida. Não julgue nem tenha uma atitude de superioridade.
2. Tenha espírito aberto e mostre compaixão. Não condene nem um nem outro. Não jogue um contra o outro.
3. Não use frases feitas: "Você não deveria pensar assim". "Há gente sofrendo mais que você." "Sei o que você está sentindo." "Sinto muito." Os divorciados já sofrem bastante, não jogue sobre eles seu próprio sofrimento.

2
A PERDA DE UM FILHO

A perda de um filho é uma experiência trágica e de grande sofrimento para os pais. Perder um filho é perder sonhos e uma parte do futuro. O filho é o futuro da humanidade.

Os pais que vivem o sofrimento da perda de um filho enfrentam, muitas vezes, certas dificuldades de relacionamento e, às vezes, até mesmo a separação do casal, se não encontram o apoio necessário. Se querem sobreviver, devem os pais aprender a viver de uma forma diferente, atravessando essa etapa de crescimento por mais dolorosa que seja.

Nada poderá substituir o filho que se perdeu. Basta ver alguém de feições ou de maneiras semelhantes, e logo voltam à tona todos os sentimentos ligados à perda. Esse vazio é difícil de se preencher. Surge o medo de ter um outro filho. Alguns pais reagem diversamente, idealizam o filho que morreu, ou decidem substituí-lo. Às vezes, basta mencionar aquele filho, e logo surge a discórdia entre pai e mãe. Nesse caso, pais e mães devem procurar auxílio. Não prolonguem eternamente seu pesar.

Conselhos aos pais

1. Os entendidos dizem que uma família leva de 12 a 24 meses para se recuperar depois da morte de um de seus membros. É muito lentamente que vivemos o luto. Não queiram então bancar o super-homem.
2. Para vocês talvez o período mais difícil venha 6 ou 8 meses após a perda do filho. No momento da morte vocês podem estar em estado de choque, e têm a seu lado a simpatia dos parentes. Mas, muitas vezes, quando vocês estão no maior desespero é que os amigos pensam que vocês já superaram tudo.
3. Como pais, vivam seu luto separadamente e como casal. Não existem duas pessoas que reajam do mesmo modo. Saiba respeitar o ritmo de seu cônjuge.
4. Não acuse ninguém. Nem a si mesmo nem a outro. A perda de um filho faz surgir nos pais um sentimento de culpa. Aceite que os sentimentos de cólera, de medo, de culpa e de depressão façam parte de seu luto.

5. Se os amigos não entrarem em contato com você, chame-os e diga-lhes que eles lhe fazem falta. Se você falar abertamente de sua dor, eles ficarão mais à vontade com você.
6. Converse com verdadeiros amigos, ou com pessoas que passaram pela mesma experiência que você.
7. Quando lhe perguntarem: "Como está?", não responda apenas por polidez: "Tudo bem!". É bom fazer que os outros saibam o quanto você se sente arrasado.
8. Chore o suficiente, grite a sua dor. Essa é uma boa terapia.
9. Muitas vezes a depressão é a cólera voltada contra si mesmo. Manifeste sua cólera, mas sem punir ninguém.
10. Saiba evitar as pessoas e as situações que não ajudam você a sair de sua dor.
11. Descanse bastante. Reserve para si o tempo necessário. Perdoe-se. Perdoe aos outros. Não fique só. Fale bastante de seu sofrimento. Tenha confiança, mas não espere nenhum milagre.
12. Tome suas decisões. Não deixe a outros a responsabilidade por uma parte de sua vida. Mesmo em luto, conserve todos os seus recursos intelectuais e psicológicos. Mas aceite a ajuda que lhe for oferecida.

3
AJUDAR AS CRIANÇAS A COMPREENDER A MORTE

Aproveite os animais e as plantas. Quando uma criança perde um animal, ela faz uma experiência de luto. Não substitua logo o animal. Ensine-lhe que as plantas nascem, crescem e morrem como todos os seres vivos.

Esteja aberto às suas perguntas sobre a morte. Se você não tem resposta, diga que vai informar-se.

Já que o desconhecido provoca ansiedade na criança, fale da morte como de um fenômeno natural. Havendo oportunidade, leve-a a funerais, e depois converse sobre o assunto.

Seja honesto com a criança. A franqueza estreita os laços entre o adulto e a criança. Ela quer compreender tudo. Se você lhe esconder a verdade, é possível que surjam zonas que ela já não queira partilhar com os pais.

Evite os julgamentos e os discursos moralizantes. Não diga, por exemplo: "Você não deveria se sentir assim"...

Use a palavra exata. Evite as palavras vagas, como: "Ele desapareceu", "Nós o perdemos". É mais simples dizer: "Ele morreu, foi para um mundo melhor".

Evite comparar a morte com o sono. A criança pode confundir sono e morte. O sono é um repouso, a morte é um desaparecimento definitivo.

4
A MORTE POR SUICÍDIO

A pressão da vida moderna pode parecer tão insuportável a algumas pessoas que elas acabam vendo no suicídio a única saída.

Se alguma pessoa de seu relacionamento suicidar-se, aqui estão algumas atitudes a serem assumidas.

* Reconheça sua impotência: você nada poderia fazer para impedir que isso acontecesse.
* Você era tão incapaz quanto o próprio suicida.
* Se você não se sente à vontade para contar as circunstâncias do suicídio de um parente ou amigo, respeite seu direito ao silêncio.
* Não tente negar nem esconder a cólera que toma conta de seu coração. É uma emoção natural quando da perda de um ente querido. Se você estiver com raiva de Deus, fale com um sacerdote compreensivo. Não tenha receio, Deus entende sua raiva. Afinal Ele expulsou os vendilhões do templo.

* Perdoe-se e não fique julgando seu comportamento para com o suicida quando ele ainda vivia.
* Muito frequentemente as pessoas mais próximas de um suicida sentem-se culpadas. Aceite afinal que ninguém é responsável pelo que o outro faz. Seu poder sobre os outros não é ilimitado.
* Consulte um profissional da saúde, ou junte-se a um grupo de apoio. Volte à rotina e mantenha contato com seus amigos e familiares.
* As crianças têm direito de conhecer as circunstâncias da morte. A mentira e os mistérios inúteis fazem mal. A imaginação infantil é mais poderosa que o choque da verdade. É preciso dar-lhe apoio e permitir que manifestem suas emoções. A criança precisa do contato carinhoso para reconquistar sua segurança.
* Ponha sua confiança em Deus.

5
QUANDO SE PERDE UM AMOR

Um dia, alguém entrou em sua vida, enchendo-a de luz, trazendo para você todo o universo. Foi um encontro que abriu seus olhos para a beleza, para a paixão, para o amor.

Você gostaria de guardar para sempre essa experiência maravilhosa à qual se agarrava. Você pensava então que aquela pessoa era sua única fonte de felicidade. E era verdade.

Nesse momento aquela pessoa tornou-se um objeto, uma dependência. Tudo começou com um encontro, talvez por ocasião de uma folga mais prolongada, pela intimidade nascida entre colegas de trabalho, entre paciente e terapeuta... E de um momento para o outro esse encantamento rompeu-se. E você começou a sofrer a perda de um amor. Todo o sofrimento vem do imaginar que aquela pessoa enchia você de felicidade e luz. Na realidade, porém, era apenas um *espelho* no qual você se reconhecia. Você se enamorara de sua própria pessoa. E sua felicidade nascia da capacidade de amar que desabrochava em você. A outra pessoa era apenas o elemento detonador. E a sua dor vem do fazer sua vida ainda depender de alguém que já não existe. Sua dor é o laço que ainda prende você a alguém que já se foi. Sua vida está dominada pela sua ausência. Você sofre o vazio. Suas energias estão bloqueadas. Você está padecendo. Um fantasma ocupa todos os espaços. A depressão é total.

Meu senhor, minha senhora, seu sofrimento já durou demais. Volte-se para a vida. Apenas você é responsável por sua felicidade. Abra-se para a vida. Deus mora em você. Se você souber continuar caminhando, descobrirá novamente a alegria de viver.

AS 10 ETAPAS DA DOR

Primeira etapa: Estamos em estado de choque

Deus criou-nos de maneira que pudéssemos suportar a dor, o sofrimento e até mesmo a infelicidade. No entanto, quando o sofrimento é muito forte, a natureza nos anestesia para podermos enfrentar esse acontecimento trágico que vem ferir nossa vida. Essa anestesia temporária, que os especialistas chamam de estado de choque, impede-nos de enfrentar de uma só vez toda a cruel realidade da dor. Esse estado de choque pode durar alguns minutos ou algumas horas, ou até mesmo alguns dias. Se chega a durar algumas semanas, então é uma situação doentia que exige a assistência de profissionais. Mas você não deve espantar-se com o choque que sobrevém logo na primeira etapa da dor.

Algumas vezes, no velório, vemos a viúva que, longe de se mostrar abatida, parece até radiante ao acolher os que vêm apresentar condolências. Poderão até dizer: "Que fé, que serenidade admirável". Mas a verdade é completamente outra. Ela está apenas experimentando a anestesia temporária, o estado de choque, que a ajuda a viver esse momento de maneira aceitável, para depois passar para a próxima etapa do luto.

O estado de choque é uma fuga temporária da realidade. É uma etapa aceitável exatamente enquanto transitória. Torna-se doentia apenas quando alguém prefere continuar nesse mundo imaginário a enfrentar a realidade da perda sofrida. É por isso que se recomenda aos enlutados que se mantenham razoavelmente ocupados, na medida do possível exercendo suas atividades normais. Nessa primeira etapa do luto, quem quiser ajudar procure estar ao lado, pronto a socorrer se tudo ameaçar desmoronar, mas sem impedir que a pessoa se beneficie da vantagem terapêutica de fazer por si mesma tudo que estiver a seu alcance.

O importante não é ser simpático; o importante é ser empático. É o que mais ajudará a pessoa a sair de seu estado de choque e a iniciar a superação de seu sofrimento.

Segunda etapa: Manifestamos a emoção

A rendição emocional acontece quase ao mesmo tempo que começamos a perceber o horror da perda sofrida. Às vezes, sem nenhum aviso prévio, cresce em nós uma vontade incontrolável de exprimir nossa dor. E é exatamente o que deveríamos fazer: soltar-nos, exprimindo as emoções que estamos realmente sentindo. É uma das melhores maneiras para nos libertar do sofrimento. Deus nos deu as glândulas lacrimais: é conveniente usá-las quando temos boas razões.

Em nossa sociedade, para os homens é difícil chorar. Desde a infância aprenderam que homem não chora. Como, então, chorar aos quarenta anos, depois de uma grande perda? Muitos até pensam que chorar seja sinal de fraqueza. Quando falamos da expansão emocional, somos levados a pensar nas emoções e em nossa fé. Neste nosso tempo que se considera frio e científico, para alguns pode até parecer esquisito que devamos encorajar a manifestação das emoções.

A emoção é essencial para nós e tentar reprimi-la seria diminuir-nos. A emoção é o motor e a motivação de tudo que fazemos. Um dos erros da religião intelectualizada foi sufocar a emoção. As celebrações dominicais, em algumas igrejas, parecem mais uma série de leituras do que uma experiência espiritual. Não precisamos pedir desculpas pela emoção que sentimos quando enfrentamos a dor. Quando sofremos a perda de alguém, é bom manifestar livremente nosso pesar.

Terceira etapa:
Sentimo-nos deprimidos e sozinhos

Vêm, então, os sentimentos de depressão e de solidão. É como se Deus nos abandonasse. Parece-nos que ninguém jamais viveu um desespero semelhante. Essa terrível experiência da depressão e do isolamento, ainda que não haja duas pessoas que reajam do mesmo modo, é um fenômeno que atinge todos que vivem profundamente o luto. Nesse sentido, a depressão é o sentimento de estar morrendo com quem morreu. Lembre-se de que a depressão faz parte de uma boa e sadia maneira de viver o luto. E também é uma perturbação afetiva fácil de tratar.

Quando estamos deprimidos, sentimo-nos perdidos, como se alguma coisa se interpusesse entre nós e o resto mundo. Sente-se uma grande solidão e uma terrível impressão de isolamento. E temos a sensação de que isso durará para sempre. A depressão não atinge apenas a mim ou a você, mas é, ao que parece, uma experiência que atinge a todos que sofrem uma perda importante em sua vida. A depressão é mais ou menos como as nuvens: não duram sempre, mas só lentamente se afastam. Não esqueça que a depressão é uma etapa passageira mesmo se, quando a estamos suportando, nos parece que irá durar para sempre. Para alguns, as nuvens passam logo de uma vez. Qualquer coisa acontece neles, um fato importante qualquer detona um movimento que os leva para a próxima etapa do luto.

Quarta etapa:
Experimentamos os sintomas do abandono

Como conselheiro espiritual num grande centro hospitalar, cheguei à conclusão que muitos pacientes continuam doentes por não terem resolvido uma situação de grande sofrimento. A perda de um ente querido, pela morte ou pela separação, é uma experiência perturbadora. Já foi constatado que a taxa de mortalidade tende a aumentar entre os que passam por um grande sofrimento. O suicídio manifesta-se sob diversas formas. Há um nexo inegável entre o luto, as perturbações psiquiátricas e a depressão profunda. Permita-me explicar esse problema psicossomático (de influência do espírito sobre o corpo) que vem ao caso quando falamos de um nexo entre perda e doença.

Conheci um casal do interior, José e Maria. Maria ocupa-se dos trabalhos domésticos, enquanto José tem um emprego que ele aprecia muito. Salário modesto e casa razoável. Vinha jantar em casa, e sempre havia tempo para ele e a mulher cuidarem juntos do jardim e das compras. Todas as tardes, às 4 horas, ele está em casa e podem passar juntos o resto do dia. Ambos nasceram nesse mesmo povoado. Como não têm filhos, recebem regularmente a visita de sobrinhos. Nada lhes falta.

Um dia pediram que José substituísse o patrão numa viagem à capital. Lá um homem lhe ofereceu emprego em sua firma, com um salário três vezes maior. Depois de falar com Maria, aceitou entusiasmado. O casal mudou-se para a capital. A vida parece um conto de fadas, só que José já não vem almoçar em casa, chega tarde todas as noites, e a mulher está ficando chateada com ele. As coisas iam razoavelmente bem até saberem que José precisaria ausentar-se dois ou três dias por semana. Foi um choque para Maria. Isso mudava totalmente sua maneira de viver. Os dias cheios de atividades, tendo sempre o marido como centro, os encontros de família, o dia a dia da cidadezinha natal, isso tudo era agora apenas uma lembrança do passado numa casa agora cheia apenas de vazio e de tédio. O apartamento, tão bonito e tão bem decorado, agora lhe parece uma prisão. Não consegue evitar um amargo ressentimento contra o emprego do marido. Apesar do alto salário e do sucesso na profissão, Maria quer que ele abandone tudo e volte para o interior. É claro que ela não tem coragem de lhe dizer isso. Procura fingir que está muito contente com o sucesso de José. Não se abre com ninguém. Logo, porém, começa a demonstrar sinais de cansaço e de estafa. As relações entre ambos ficam prejudicadas. José insiste, e ela foi procurar um médico. Os remédios ajudam durante algum tempo, mas depois de algumas semanas ela tem uma recaída. Exames mais aprofundados não encontram nenhum problema físico. Mas, apesar de tudo, Maria está doente.

Que está acontecendo com Maria? Ela sofreu uma grande perda, e está sofrendo muito. Sua agressividade, seus sentimentos de culpa, seu ressentimento, sua solidão, tudo isso está misturado com seu sofrimento. Essa a razão de sua doença. Como dizem os especialistas em problemas psicossomáticos, "o espírito influi no corpo". Nessas circunstâncias o sofrimento pela perda é um fator importante na doença. É por isso que os médicos, os psicólogos, os assistentes sociais e os padres devem unir seus esforços para que não se tratem apenas os sintomas físicos. Maria deve ser levada a compreender a causa de seus males físicos. Será preciso oferecer-lhe ajuda que lhe permita superar seus sentimentos de perda.

Nesta etapa trata-se de compreender que o importante será tratar das causas reais, muitas vezes espirituais, e não apenas dos sintomas.

Quinta etapa: Ficamos inquietos

Sentimo-nos invadidos pela inquietação porque nos concentramos unicamente na perda que sofremos. Essa fixação do pensamento na perda prejudica toda a eficácia de nosso trabalho. Preocupamo-nos também com nossa saúde mental, porque percebemos como estamos desligados de tudo o mais no mundo que nos cerca. E, no entanto, é muito natural que o sofrimento nos tire a capacidade de concentração. Quando alguém nos é tirado, alguém que durante tanto tempo foi muito importante para nós, é claro que não poderemos ser tão ativos como antes. É muito natural que volte sempre o sentimento de perda e que soframos tomando consciência de que esse alguém nos foi tirado para sempre. É, pois, normal que nos sintamos inquietos e que às vezes nos sintamos paralisados pelo medo que então toma conta de nós. É urgente compreender antecipadamente o processo do luto, antes ainda que a perda aconteça, para que possamos evitar o pânico que nasce do medo do desconhecido. Desde que estejamos informados do que a dor nos pode aprontar, então não nos deixaremos dominar pelos pensamentos inquietadores que nos assediam depois de uma grande perda. Para tentar ajudar nessas situações é que este livro foi escrito.

Sexta etapa:
Nossos sentimentos de culpa

Somente os seres humanos têm sentimento de culpa. É um sentimento de insatisfação pelo que pudemos ser ou fazer para a pessoa que perdemos. Dizem os psicólogos que há pelo menos quatro espécies de culpabilidade. A primeira é consequência da violação de uma lei civil ou religiosa. Outra é a que experimentamos quando não conseguimos corresponder às exigência e expectativas dos outros. A terceira é a de não termos estado à altura da imagem que temos de nós mesmos. E finalmente a de nos sentirmos separados dos familiares, dos outros em geral e de Deus.

Não nos surpreendamos, pois, se temos um sentimento de culpa depois de termos perdido um ente querido pela morte, pela doença ou pela separação. É difícil imaginar que alguém de nós não se sinta culpado pelo que deixou de fazer pela pessoa que perdemos. Para voltarmos a viver, será muito importante que trabalhemos para eliminar esse sentimento de culpa: as emoções não compreendidas, ou não resolvidas, podem fazer-nos infelizes durante anos e acabar produzindo sintomas físicos e de desamparo.

Culpabilidade e senso do pecado

O libertar-nos do sentimento de culpa não põe em dúvida o senso do pecado. Não existe pecado a não ser em relação a Deus. Conhecemos nosso pecado na medida em que reconhecemos a bondade de Deus e a grandeza de sua misericórdia. O pecado é a recusa de crer no amor de Deus por nós, mesmo estando nós cobertos de misérias. A consciência do pecado leva-nos à certeza do perdão e nos traz a paz. Ter paz é garantia de um correto senso do pecado. Se perco a paz, perdi o senso do pecado.

Sentimento de culpa	**Senso do pecado**
* Atenção centrada no "EU", que se sente ameaçado. Fechamento e neurose.	* Atenção voltada para Deus que nos liberta. Abertura e libertação.
* Preocupação principalmente com os pensamentos, os desejos e o campo sexual.	* Ausência do medo, aceitação tranquila da condição humana.
* Preocupação tensa com a pureza e volta contínua ao passado.	* Esquecimento de si mesmo e do pecado; fé centralizada na bondade de Deus.
* Espiritualidade imaginária e obsessão por estar em ordem com Deus.	* Espiritualidade concreta, acolhimento e compreensão para consigo mesmo e para com os outros.
* Primado da lei, medo do outro e medo de se manchar com o sexual.	* Primado do amor, sem nada esperar nem exigir do outro, sem medo do novo.

O sentimento mórbido de culpa é exatamente o oposto do verdadeiro senso do pecado. Esse sentimento contamina a prática religiosa, tornando-a formalista, mágica e fetichista. Na confissão, o sentimento de culpa leva à confissão compulsiva e não à paz, possível para quem tem o legítimo senso do pecado.

Como eliminar o sentimento de culpa normal?

a) Lembre-se de que você é, ao mesmo tempo, "bom e mau".
b) Você é apenas um ser humano, e o erro faz parte da natureza humana.
c) Lembre-se de que você não precisa ser perfeito para ser uma boa pessoa.
d) Você não é tão mau como pensa; é melhor do que imagina.
e) Saiba perdoar suas próprias faltas e perdoe tudo a todos.
f) Muitas vezes quando você agiu, fez o melhor que lhe era possível.

Sétima etapa: Estamos cheios de cólera e de ressentimento

Gradualmente saímos de nossa depressão, e com isso nos tornamos capazes de manifestar nossos sentimentos de cólera e de ressentimento. Essa manifestação faz parte de um bom "luto". Não quero dizer que se deva aconselhar manter para sempre esses sentimentos. Quero apenas dizer que esses sentimentos são normais, e que mesmo as pessoas mais sadias podem experimentá-los.

Como diz a Bíblia, "irem-se, mas não pequem". É importante aprender a manifestar nossa cólera, mas não como uma punição. Tenho o direito de me encolerizar, mas não tenho o direito de punir os outros pela minha cólera.

Quando perdemos algo precioso para nós, inevitavelmente passamos por um sadio período de crítica contra tudo e contra todos de algum modo ligados com nossa perda.

Se perdemos alguém pela morte, nossa hostilidade volta-se contra quem cuidou do enfermo. É muito humana essa tendência de culpar alguém por nossa infelicidade. Devemos estar preparados para nos debatermos com os sentimentos de cólera e de ressentimento, sabendo que os poderemos superar com a graça de Deus e a ajuda dos outros.

Oitava etapa:
Não queremos voltar à vida normal

Mesmo se fazemos tudo para sair de nosso luto, querendo de fato retomar nossas atividades normais, há dentro de nós alguma coisa que parece resistir. O luto tornou-se como que uma parte de nós mesmos, e não queremos que se vá. Nosso sofrimento acabou sendo nossa única ligação entre nós e a pessoa que perdemos. Essa perda foi algo de especial, e achamos que os outros simplesmente não compreendem a profundidade de nossa dor. Todos esqueceram tão depressa nossa tragédia. É preciso que alguém jamais se esqueça. Por isso é que não queremos que tudo volte logo ao que era antes.

Achamos também que a vida já não paga a pena ser vivida depois que se foi quem durante tanto tempo foi o centro de nossa vida. Preferimos ficar curtindo nossa dor a enfrentar novamente as batalhas de novas situações. Achamos que viver em nosso luto é mais cômodo que viver em um novo mundo imprevisível. Queremos continuar com o que nos é familiar. Viver adequadamente essa resistência leva-nos à etapa seguinte.

Nona etapa:
Sentimos voltar a esperança

De tempos em tempos, durante as etapas precedentes, percebemos alguns albores de esperança. A nuvem, tão pesada ainda, começa a se esgarçar afastando-se, rasgada aos poucos pelos raios de sol. Com a claridade que volta, torna-se mais fácil respirar.

Nosso luto pode durar algumas semanas ou alguns meses. Jamais podemos saber quanto irá durar. Se não vivemos nosso luto nos primeiros meses, talvez o devamos viver nos próximos 10, 15 ou 20 anos. Alguns não sobrevivem ao luto, e passarão o resto da vida na depressão. Por detrás da depressão está sempre alguma perda. Para manter nossa esperança, precisamos da afeição e do encorajamento dos que estão ao nosso redor. Às vezes, será muito útil uma ajuda profissional. A esperança faz-nos compreender que outras pessoas e outras experiências poderão dar novamente um sentido para a nossa vida.

Décima etapa: Lutamos para afirmar a realidade

Finalmente começamos a afirmar a realidade na qual nos encontramos. Isso não quer dizer que voltemos a ser como antes. Quando vivemos um luto significativo, passamos a ser uma pessoa diferente. Jamais seremos como antes. Seremos uma pessoa mais forte, mais firme ou mais fraca do que antes, conforme a nossa maneira de reagir. Na vida tudo depende do como. O luto fará você mais sadio ou mais doente, tudo dependendo de sua capacidade de enfrentar as provações. Conheci pessoas que depois de uma experiência de luto desenvolveram uma fé mais robusta e uma maior capacidade de apreciar a vida.

Quem costuma ter dó de sua própria sorte, quem é imaturo ou pueril em sua fé, normalmente enfrenta uma perda de maneira pouco sadia. Essas pessoas não procuram de fato superar a situação, e muitas vezes, anos depois, ainda estão a se debater com sua dor. É no dia a dia que aprendemos a viver nosso luto.

É no dia a dia que vamos vivendo nossos pequenos lutos da vida: o de ver as crianças sujando o assoalho, o de ter esquecido o compromisso de uma reunião familiar, o de ter deixado escapar uma palavra ofensiva contra alguém... Se você guarda mágoas por todos os pequenos desencontros da vida, como saberá enfrentar e superar uma perda que atinge o cerne de sua vida? O luto é um aprendizado para enfrentarmos tranquilamente as situações, uma preparação para o luto derradeiro: o de nossa própria morte.

A vida é uma sucessão de lutos. Para muitos o deixar o ventre materno, onde estavam tão bem, foi um choque do qual jamais se recuperaram. Não ter tido filhos, não se ter casado, ter sido obrigado a abandonar os estudos etc.: são tantos e tantos os lutos que vão marcando a vida humana. Nós somos mais espirituais do que físicos. O corpo é apenas o invólucro da pessoa. Em minha prática pastoral pude constatar que as pessoas mais espirituais parecem capazes de lutar mais eficazmente, porque ajudadas por uma força divina que irrompe nelas no momento da provação ou do luto. Passado o luto, a vida jamais será como antes e essas pessoas, que viveram até o fundo o seu sofrimento, começam a perceber que na vida ainda há muitas coisas que podem ser afirmadas.

E quando afirmamos alguma coisa, estamos confirmando que isso é bom para nós.

Não é bom nem recomendável que alguém tente suportar sozinho o seu luto. Os crentes, no passar dos séculos, encontraram uma força nova e inesperada nestas palavras: "Eu estou com vocês todos os dias".

Você que está enlutado, chore, mas não chore como quem não tem esperança. Quando sofrer alguma coisa que mereça lamentação, chore. Muitas vezes esse é o sinal de uma ressurreição bem próxima. Durante certo tempo, você pensou que na vida não houvesse nada que você pudesse ou que pagasse a pena afirmar. Agora que as nuvens sombrias começam a se afastar, e cada vez por mais tempo os raios do sol conseguem brilhar, afirme sua fé na vida e em Deus. Afirme tudo o que há de bom e de belo na sua vida; mesmo que ainda seja preciso lutar, afirme a realidade. "O céu e a terra passarão", mas a divindade que habita em você será uma realidade por toda a eternidade.

ÍNDICE

Apresentação 3
Introdução 5
Antes de caminhar – Preâmbulo 7

1. Situar-se 9
2. Quem sofre? 12
3. Tomar o pulso 14
4. Escolher os amigos 16
5. Deixar o tempo passar 18
6. Culpar-se 19
7. Reconhecer o sofrimento 23
8. Reagir às perdas 26
9. Escutar suas emoções 28
10. Deixe a solidão 29
11. Deixe passar 30
12. Não sofrer inutilmente 31
13. Superar a prova 32

Feridas mais frequentes

1. Divórcio, separação 34
2. A perda de um filho 39
3. Ajudar as crianças a compreender a morte 42
4. A morte por suicídio 44
5. Quando se perde um amor 46

As 10 etapas da dor 48